AF391060

Vente du Lundi 29 Janvier 1877.

SALLE N° 3.

TABLEAUX

MODERNES

EXPOSITION PUBLIQUE : le Dimanche 28 Janvier 1877,

DE UNE HEURE A CINQ HEURES

COMMISSAIRE-PRISEUR.

Me CHARLES PILLET,

10, rue de la Grange-Batelière.

EXPERT.

M. DURAND-RUEL.

16, rue Laffitte.

CATALOGUE

DE

TABLEAUX

MODERNES

Bonvin, Chaplin, Corot, Courbet, Daubigny, Daliphard, Desgoffes,
Diaz, A. de Dreux, J. Dupré, Gérome,
Ch. Jacque, de Knyff, Lefebvre (J.), Lévy (H.), Millet, Reynaud, Th. Rousseau,
Roybet, Toulmouche, Troyon, Verboeckhoven, etc., etc.

DONT LA VENTE AURA LIEU

HOTEL DROUOT, SALLE N° 3

Le Lundi 29 Janvier 1877,

A DEUX HEURES ET DEMIE.

Par le ministère de Mᵉ CHARLES PILLET, Commissaire-Priseur,
10, rue de la Grange-Batelière;

Assisté de M. DURAND-RUEL, Expert, 16, rue Laffitte.

Chez lesquels se trouve le Catalogue.

EXPOSITION PUBLIQUE : le Dimanche 28 Janvier 1877,
DE UNE HEURE A CINQ HEURES

CONDITIONS DE LA VENTE

Elle sera faite au comptant.

Les acquéreurs payeront, en sus des adjudications, *cinq pour cent* applicables aux frais.

PARIS.—Imp. PILLET et DUMOULIN, rue des Grands-Augustins, 5.

DÉSIGNATION

BONVIN

1 — Giroflées.

Haut., 45 cent.; larg., 35 cent.

BOULANGÉ (L.)

2 — Intérieur de forêt.

Toile. Haut., 1 m.; larg., 75 cent.

CHAPLIN

3 — Jeune fille tenant un panier.

MARIE COLLART

4 — Cheval près d'une chaumière.

Tableau ayant obtenu une médaille au Salon de 1870.

Haut., 1 m.; larg., 75 cent.

COLLIN (G.)

5 — Attelage béarnais.

Haut., 52 cent.; larg., 72 cent.

COROT

6 — La charrette.

Haut., 28 cent.; larg., 39 cent.

COROT

7 — Paysage ; animaux à l'entrée d'un bois.

Haut., 81 cent.; larg., 65 cent.

COROT

8 — Paysage.

Haut., 39 cent.; larg., 28 cent.

COROT

9 — Paysage.

Haut., 36 cent.; larg., 46 cent.

COROT

10 — Paysage.

Haut., 23 cent.; larg., 32 cent.

COROT

11 — Laboureur et cavalier dans la campagne.

Toile. Haut., 33 cent. ; larg., 56 cent.

COROT

12 — Paysage axec cours d'eau.

Toile. Haut., 30 cent.; larg., 43 cent.

COURBET (G.)

13 — Le Cours d'eau.

Haut., 72 cent.; larg., 90 cent.

COURBET (G.)

14 — Paysage avec figures.

Haut., 65 cent.; larg., 80 cent.

COURBET

15 — Marine ; soleil couchant.

Haut., 55 cent.; larg., 65 cent.

DALIPHARD

16 — Route ; entrée de village.

Toile. Haut., 43 cent.; larg., 25 cent.

DALIPHARD

17 — Marée basse.

Haut., 50 cent.; larg., 72 cent.

DALIPHARD

18 — Baie de la Somme à marée basse.

Haut., 65 cent.; larg., 1 m. 05 cent.

DAUBIGNY

19 — Route dans la campagne.

Signé 1849.

Bois. Haut., 26 cent.; larg., 42 cent.

DAUBIGNY

20 — Le Prés des Graves, à Villerville-sur-Mer.

Haut., 45 cent.; larg., 80 cent.

DELACROIX (EUG.)

21 — La Madeleine au pied de la croix.

Toile. Haut., 36 cent.; larg., 28 cent.

DESGOFFES

22 — Nature morte.

Haut., 40 cent.; larg., 30 cent.

DIAZ

23 — Troncs de hêtres.

Haut., 38 cent.; larg., 25 cent.

DIAZ

24 — Paysage.

Haut., 24 cent.; larg., 19 cent.

DREUX (ALF. DE)

25 — Napoléon III.

Haut., 1 m. 25 cent.; larg., 1 m.

DUPRE (J.)

26 — Marine.

Haut., 60 cent.; larg., 75 cent.

DUPRE (J.)

27 — Marine.

Haut., 55 cent.; larg., 75 cent.

DUPRÉ (J.)

28 — Marine.

Haut., 42 cent.; larg., 64 cent.

DUPRÉ (J.)

29 — Un ruisseau près de Cayeux.

Haut., 35 cent.; larg., 40 cent.

DUPRÉ (J.)

30 — Marine.

Haut., 22 cent.; larg., 15 cent.

DUPRÉ (J.)

31 — Les Pyrénées.

Haut., 20 cent.; larg., 27 cent.

DUPRÉ (J.)

32 — Grands arbres près d'une mare.

Haut., 18 cent.; larg., 40 cent.

GÉROME

33 — Chevaux.

Haut., 00 cent.; larg., 00 cent.

JACQUE (CH.)

34 — Moutons.

Haut., 35 cent.; larg., 80 cent.

KNYFF (DE)

35 — Bornage de Fontainebleau.

Haut., 40 cent.; larg., 70 cent.

LANDELLE

36 — Femme fellah.

Haut., 00 cent.; larg., 00 cent.

LANDELLE

37 — Odalisque couchée.

Haut., 48 cent.; larg., 73 cent.

LAZERGES (HIPP.)

38 — Femme arabe et son enfant, assise sur le seuil d'une porte.

Bois. Haut. 60 cent.; larg., 45 cent.

LAZERGES (HIPP.)

39 — Deux têtes d'Arabes ; homme et jeune garçon.

Etudes.

LEFEBVRE (J.)

40 — La Marchande d'oranges.

Haut., 55 cent.; larg., 45 cent.

LEVY (H.)

41 — Après le combat.

Haut., 87 cent.; larg., 60 cent.

MILLET (J.-F.)

42 — Les Nageurs.

Haut., 23 cent.; larg., 33 cent.

MILLET (J.-F.)

43 — Samson et Dalila.

Toile. Haut., 42 cent.; larg., 33 cent.

MILLET

44 — Village dans Seine-et-Marne.

Haut., 80 cent.; larg., 1 m. 00 cent.

NEUVILLE (A. DE)

45 — Le Mot d'ordre.

Toile. Haut., 36 cent.; larg., 50 cent.

REYNAUD

46 — Vendeuse de légumes.

Haut., 00 cent.; larg., 00 cent.

REYNAUD

47 — Vendeuse de volailles.

Haut., 00 cent.; larg., 00 cent.

ROUSSEAU (TH.)

48 — Les Sables de Jean de Paris.

Grisaille.

Haut., 44 cent.; larg., 75 cent.

ROUSSEAU (TH.)

49 -- Forêt de Fontainebleau.

Grisaille.

Haut., 25 cent.; larg., 36 cent.

ROYBET

50 — L'Enlèvement de Rebecca.

Haut., 30 cent.; larg., 35 cent.

ROYBET

51 — Sac de Dinan.

Haut., 50 cent.; larg., 42 cent.

TOULMOUCHE

52 — Femme tenant une lettre.

Haut., 46 cent. ; larg., 36 cent.

TROYON

53 — Vaches au pâturage.

Haut., 74 cent.; larg., 93 cent.

VERBOECKHOVEN

54 — Moutons.

Haut., 55 cent.; larg. 60 cent.

www.ingramcontent.com/pod-product-compliance
Lightning Source LLC
LaVergne TN
LVHW020853200726
843508LV00003B/1194